名家名篇里的
朗诵密码丛书

扫描书中二维码，跟着名师学朗诵

名家诗歌里的朗诵密码

MINGJIA SHIGE LI DE
LANGSONG MIMA

主　编　柏玉萍
副主编　周　妍
编　委　陈　菲　李昕苒
领衔朗诵　李　歌　柏玉萍
朗　诵　楚红秋　郭明黎
杨　建

山东城市出版传媒集团·济南出版社

图书在版编目（CIP）数据

名家诗歌里的朗诵密码 / 柏玉萍主编. — 济南：济南出版社, 2023.9
ISBN 978-7-5488-5778-5

Ⅰ. ①名… Ⅱ. ①柏… Ⅲ. ①朗诵－语言艺术－少儿读物 Ⅳ. ①H019-49

中国国家版本馆CIP数据核字（2023）第129084号

名家诗歌里的朗诵密码

出 版 人：田俊林
图书策划：赵志坚　刘春艳
责任编辑：赵志坚　孙亚男　李文文　刘春艳
封面设计：谭　正
封面绘图：王桃花
出版发行：济南出版社
地　　址：济南市市中区二环南路 1 号　（250002）
邮　　箱：976707363@ qq. com
印 刷 者：东营华泰印务有限公司
经 销 者：各地新华书店
成品尺寸：170 mm × 240 mm　16开
印　　张：6.5
字　　数：54千字
印　　数：1—5000册
出版时间：2023年9月第1版
印刷时间：2023年9月第1次印刷
定　　价：39.60元

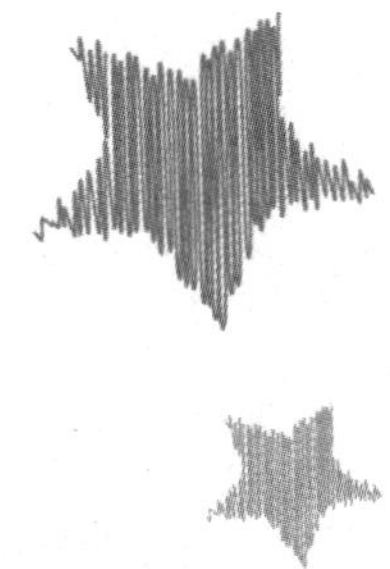

寻找朗诵的“密码”

朗诵，真的有“密码”吗?

当然有。

不然，你怎么会读着读着就笑了，听着听着就流泪了呢?是什么打开了你的情感之门?对，是朗诵的“密码”。

那朗诵的“密码”是什么呢?

在我看来，是一双会发现的眼，一颗能感受的心，一张善表达的嘴。

看——

小草偷偷地从土里钻出来，嫩嫩的，绿绿的。

睁大你的双眼，你发现这一段是写什么的了吗?是的，这段文字描绘的是小草怎么从土里钻出来的，还有小草的颜色是怎样的。

再打开你的心，你在生活中是否见过这样嫩、这样绿的小草？也许你平时没有留意过小草是怎么从土里钻出来的。没关系，你可以把自己当作小草来感受一下：春风轻轻地吹拂大地，在土里沉睡了一个冬天的你最想做什么？是呀，使劲地钻，悄悄地钻，展现你顽强的生命力。你多么想早点加入这春天的盛会呀！

于是，你在内心深处为这小草鼓掌，你仿佛也成了这嫩绿嫩绿的小草中的一棵，你是多么欣喜呀！

现在，你一定迫不及待地想要把你的这份喜爱通过声音表达出来，你希望让听者也看到小草“钻”出土地的样子，让他们也感受到小草的嫩绿，感受到小草的可爱。你的嘴开始积极主动地表达起来！

来吧——

小草偷偷地/从土里钻出来，嫩嫩的，绿绿的。

这时，你的声音有了温度，有了色彩，你内心情感的河流也开始流淌起来。这时，你的声音就有了情感，有了活力，你的表达正变得有声有色！

为什么我们要以“朗诵密码”来作为这套丛书的主题呢？我们坚信：每个人都是自带“密码”的。只不过，有时候我们会忘记它们。我们会故意用高声大嗓来表达我们胸中激荡的情感，故意把声音做出高低变化来表示我们在朗诵……这些都不是真正的

“朗诵密码”。

朗诵的密码就在我们自己这里，不需要刻意夸张为之。我们需要真的看到、真的听到、真的想到、真的感受到文字里的画面，让自己的情感自然而然地流露出来。只有这样，“真”的朗诵才会诞生！

为了帮助你轻松地破译朗诵密码，我们给每篇文学作品编排了“走近作家”“走进作品”栏目，去提醒你发现文字里的奥秘；每篇文章都有一个重要的栏目——“朗诵密码”，我们是想和你交流怎么做可以将真实的感受表达出来；我们还编排了“拓展延伸”栏目，是希望你由朗诵走向更为广阔的实践天地。

“名家名篇里的朗诵密码”系列按照不同的文体分设诗歌卷、散文卷、故事卷、古诗词卷等，有这些优秀的文学作品为伴，你的童年会更加丰富多彩。还有一卷很特别——那就是亲子朗诵卷，希望这套丛书不仅让你爱上朗诵，还能影响你身边的大人也爱上朗诵。

为了让你更好地掌握朗诵本领，我们给每篇文章都做了朗诵标注，帮助你掌握更丰富的朗诵技巧。标注了“ . ”的字词要特别强调，这样的技巧叫“重音”；句子中标注了“ / ”，表示读到这里要稍稍停顿一下；句子之间标注了“‿”，这是提醒我们朗诵前后两个句子时停顿的时间要短一些，要把两个句子连接得紧密一些。我们还给每篇文章都配了朗诵音频，供你欣赏和借鉴。我们还把每一个作品的配乐提供给你，希望你能伴着音乐享受朗诵的乐趣。

真诚地希望：朗诵，不止于朗诵。希望你破译属于自己的“朗诵密码”，借着声音的翅膀飞进精彩的文学世界；希望你能学会朗诵，用你的声音去体验和表达丰富的情感，拥有一个能想象、会感受的有趣的灵魂；更希望你能掌握朗诵的本领，在舞台上、在众人面前，用生动的语言、自信的状态精彩绽放，让自己闪闪发光！

于上海

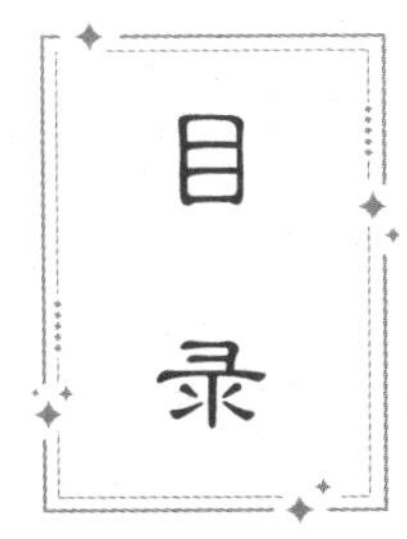

第一单元　童年是一首诗

第二单元　倾听自然的声音

第三单元　世界真奇妙

第四单元　书里有乾坤

第五单元　探索未知的远方

第六单元　爱的温暖

第七单元　绽放生命的光芒

第八单元　平凡中的微光

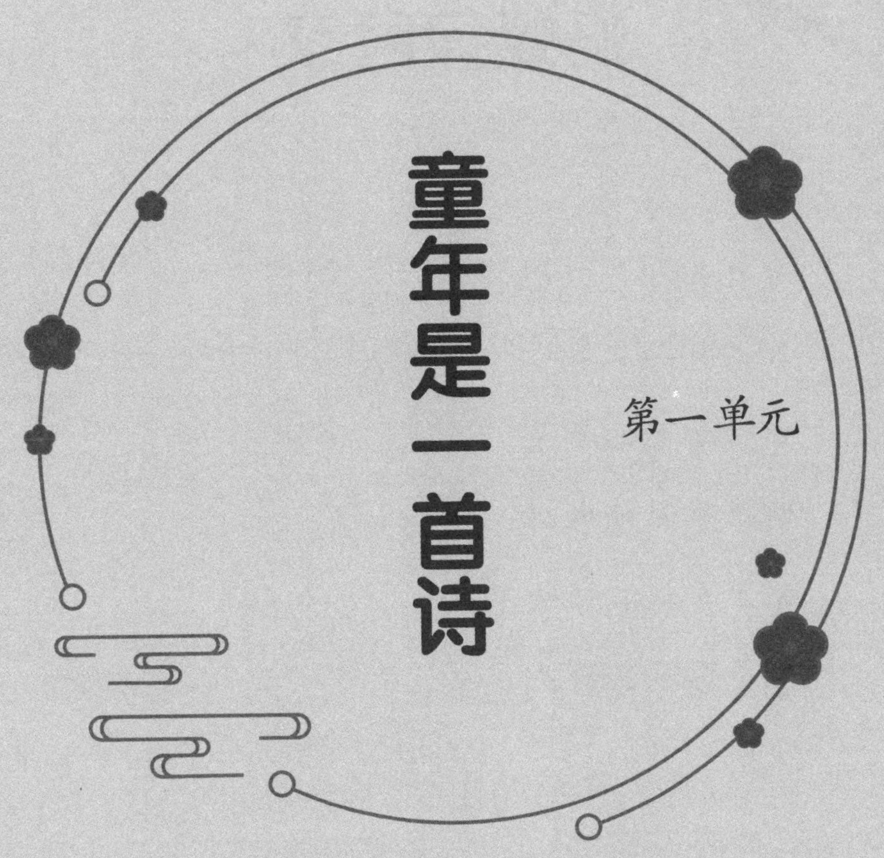

第一单元

童年是一首诗

草坪、树林、河滩是天然的游戏场，
小鸟、蜻蜓、金龟子是亲近的玩伴，
……
童年啊，
嬉笑、泪水都是飞扬的诗！

蚂蚁探险家

雪　野

木耳，
树的耳朵。
白白黄黄的耳朵，
听微风轻轻歌唱……
来了群蚂蚁探险家，
蹑手蹑脚爬进去。
大喊一声：
“好大好深哦！”

嗡嗡嗡……
“耳朵里好痒。
耳朵里好痒。”
大树忍不住，

颤抖（chàn dǒu）了一下。

耳朵里的探险家，

可慌了神：

“地震啦！

地震啦！”

雪野，儿童文学作家、诗人，倡导儿童诗教育。代表作品有儿童诗集《红枣树下的童话》《春天的滋味》，儿童系列小说《男孩树一的故事》等。

这是一首画面感十足、充满想象力的诗歌。你瞧，在树的“耳朵”里探险的蚂蚁们惊慌失措的样子，多么有趣啊！读这首诗歌时，头脑中要想象着诗中描绘的画面，这样才能感受童真与童趣。

朗诵密码

师：同学们，想把这首诗读得活灵活现，朗诵时就要试着带上表情和动作。

生：老师，我的耳朵有时候也会痒，可难受啦。读到“耳朵里好痒”时，我就回想一下自己耳朵痒时的感受，带着难受的表情去读，对吗？

师：对，就该这么读。读到两个“地震啦”，我们还可以想象一群蚂蚁惊慌失措、纷纷逃窜的模样，可以大声喊出来。

拓展延伸

让我们蹲下身来，仔细观察“蚂蚁探险家”们的活动。发挥你的想象，在下面的空白处写一首小诗或者一段有趣的文字吧！

星　星

［芬兰］伊迪丝·索德格朗

当夜色降临，

我站在台阶上倾听。

星星蜂拥在花园里，

而我站在黑暗中。

听，

一颗星星落地作响！

你别赤脚 / 在这草地上散步，

我的花园到处是 / 星星的碎片。

伊迪丝·索德格朗，芬兰著名的瑞典语女诗人，20 世纪北欧诗歌创始人之一。代表作品有《诗》《九月的竖琴》《玫瑰祭坛》《未来的阴影》等。

在静谧的夜里，星星闪着光芒，盘旋在花园的上空。一群带着希望的星星落地，给无尽的黑夜带来诗意的美妙。

在朗诵这首诗歌时，语气要轻柔，仿佛你就处于静谧的星夜中。读到“蜂拥”一词时，可以想象星星们挤在花园里的情形，语气要兴奋些。如果花园里到处是星星的碎片，那该是怎样的情形？边读边想象这样的画面。当读“你别……”这句话时，要读出劝的语气。

推荐阅读叶圣陶《小小的船》。

洗 澡

[日本]金子美铃

如果是跟妈妈一起的话，
我，很讨厌洗澡。
因为妈妈总是抓住我，
像刷锅一样地搓啊搓。

如果是我一个人的话，
我，其实是喜欢洗澡的呀。
在澡盆里，可以做很多事。
我最喜欢的是，
在水面漂着的木片上，
放上肥皂盒呀，
还有装香粉的
缺了口的小瓶子什么的。

在澡盆玩玩具这样的事，
妈妈，早就不允许了。
有时邻居家的花瓣，
飘进来变成小船。
有时我的手指头，
就像变魔法一样长长（zhǎng cháng）。

虽然没有人知道，
我，其实是喜欢洗澡的呀。

（吴菲 / 译）

走进诗歌

对于孩子来说，独自一个人洗澡多有趣啊！可以玩玩具，可以天马行空地想象，那是童年里无忧无虑的快乐时光。这首诗歌透露出孩子的天真以及对自由的向往。

朗诵密码

在读第一小节时，要突出“讨厌”这个词，表现自己不喜欢和妈妈洗澡。在读第二小节时，语调要欢快一点，要突出“喜欢”这个词，表现独自洗澡时的快乐。这样，我们就能表达出“我”对洗澡的不同态度。

捉月亮的网

[美国]谢尔·希尔弗斯坦

我做了一个捉月亮的网，
今晚就要外出捕猎。
我要飞跑着/把它抛向夜空，
一定要套住/那轮巨大的明月。

第二天，假如天上不见了月亮，
你完全可以这样想：
我已捕到了我的猎物，
把它装进了捉月亮的网。

万一月亮还在天上发光，
不妨瞧瞧下面，你会看清，
我正在天空自在地打着秋千，
网里的猎物/却是颗星星。

（李剑波/译）

亲近诗人

谢尔·希尔弗斯坦，美国人。他是一位享誉世界的艺术天才，集诗人、插画家、剧作家、作曲家、乡村歌手于一身。代表作品有《失落的一角》《阁楼里的灯光》《爱心树》等。

走进诗歌

从捉住月亮的急切到和月亮一起玩耍的轻松惬意，“我”的态度转换得十分自然。这让人不禁感叹，这个孩子真是顽皮又可爱啊！

朗诵密码

在读第一小节时，声音要饱满，可以抓住“飞跑”“抛”“一定”这些词语，读出孩子决定捉月亮时的自信满满。在读最后一小节时，语速可以慢一些，语气要轻柔一些，可以突出“万一”“还”等词语，读出孩子和月亮一起玩耍时的轻松自在。

拓展延伸

读一读谢尔·希尔弗斯坦的《爱心树》，感受简洁的文字和黑白的线条共同谱写的意蕴丰富的故事。

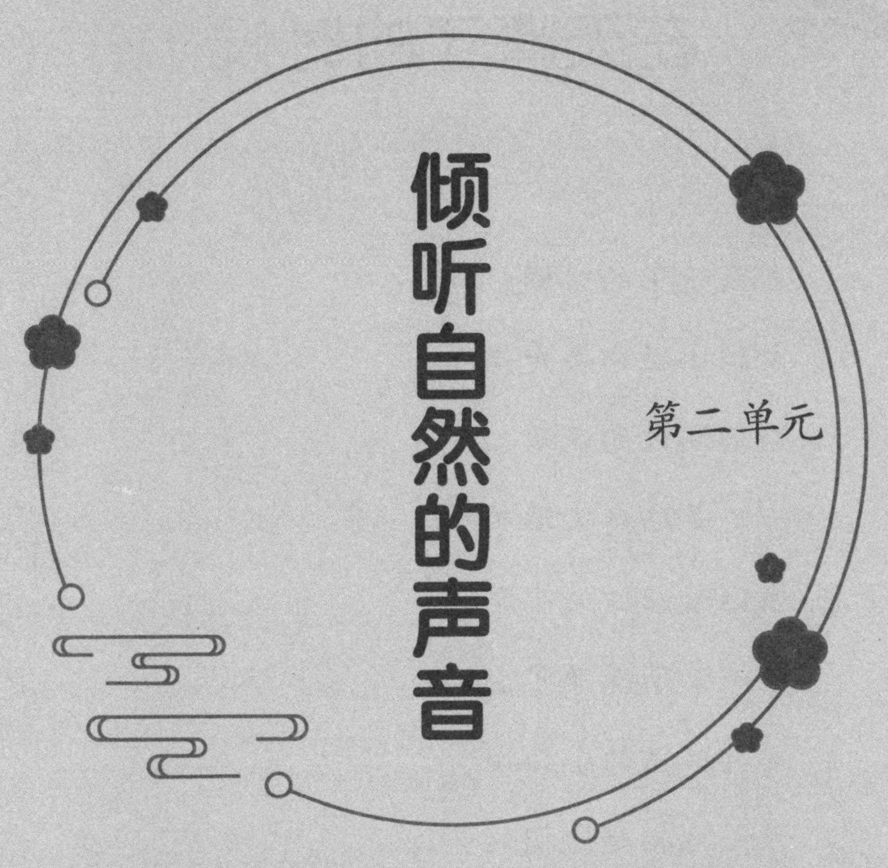

第二单元

倾听自然的声音

春风拂，
夏蝉鸣，
秋叶落，
冬雪飘，
大自然的每一帧画面都弥足珍贵！

在天晴了的时候

戴望舒

在天晴了的时候，
该到小径中去走走：
给雨润过的泥路，
一定是凉爽又温柔；
炫耀着新绿的小草，
已一下子洗净了尘垢；
不再胆怯的小白菊，
慢慢地抬起它们的头，
试试寒，试试暖，
然后一瓣瓣地绽透；
抖去水珠的凤蝶儿，
在木叶间自在闲游，
把它的饰彩的智慧书页

曝着阳光一开一收。

到小径中去走走吧，
在天晴了的时候：
赤着脚，携着手，
踏着新泥，涉过溪流。

新阳推开了阴霾了，
溪水在温风中晕皱，
看山间移动的暗绿——
云的脚迹——它也在闲游。

亲近诗人

戴望舒，中国现代派象征主义诗人、翻译家。因《雨巷》成为传诵一时的名作，被称为“雨巷诗人”。代表作品有《我的记忆》《望舒草》等。

走进诗歌

这首诗歌生动、活泼，充满诗情画意，将雨后天晴的景色徐徐展现在我们的眼前。雨后的小路、小草、小白菊、凤蝶等景物，清新又温情。诗歌既写出了诗人雨后走小径的独特感受，也表达了诗人对自然的热爱、对美好未来的期许。

朗诵密码

生：老师，我真喜欢这首诗歌。特别是第一小节中的小草、小白菊、凤蝶，它们就像被写活了一样。

师：是啊，这是一首特别有画面感的诗歌。在朗诵时，我们的语调要轻松自然，语速要适中。读第一小节时，突出“炫耀”“绽”“闲游”“开”“收”这些词语，把小草、小白菊、凤蝶的动作表达出来，让画面“动”起来。读第二小节时，重读“赤”“携”“踏”“涉”等动词，突出诗人内心的愉悦。

拓展延伸

你见过的雨后景色是怎样的？你能用你喜欢的方式展现出来吗？

雨　景

朱　湘

我心爱的雨景／也多着呀：
春夜梦回时／窗前的淅沥；
急雨点打上蕉叶的声音；
雾一般拂着人脸的雨丝；
从电光中泼下来的雷雨——
但将雨时的天我最爱了。
它虽然是灰色的却透明；
它蕴着一种无声的期待。
并且从云气中，不知哪里，
飘来了一声清脆的鸟啼。

亲近诗人

朱湘，字子沅，中国现代诗人、散文家。因文学才华出众，他与饶孟侃（字子理）、孙大雨（字子潜）和杨世恩（字子惠）并称为“清华四子”，后来他们成为中国现代诗坛上的重要诗人。代表作品有诗集《夏天》《草莽》等。

走进诗歌

这首诗歌语言典雅，意境朦胧又美好。诗歌描写了四种雨景——春雨引人遐思；夏雨催人奋起；雾一样的雨充满情意；雷雨则激荡人心。整首诗表达出诗人对美好生活的向往与期待。

朗诵密码

朗诵这首诗歌时，要满怀着对美好事物的回忆和期待，语速要慢一些。抓住“淅沥”“急雨点”“雾”“泼”等词语，读出每一种雨景的特点。读到“无声的期待”时，要拉长声音，表现出内心的期盼。

夏　夜

杨　唤

蝴蝶和蜜蜂/带着花朵的蜜糖/回家了，

羊队和牛群告别了田野/回家了，

火红的太阳/也滚着火轮子回家了。

当街灯亮起来/向村庄道过晚安，

夏天的夜/就轻轻地来了。

来了！来了！

从山坡上轻轻地爬下来了。

来了！来了！

从椰子树梢上/轻轻地爬下来了。

撒了满天的珍珠/和一枚又大又亮的银币。

美丽的夏夜呀！

凉爽的夏夜呀！

小鸡和小鸭们关在栏里睡了。
听完老祖母的故事，
小弟弟和小妹妹也合上眼睛/走向梦乡了。
（小妹妹梦见她变作蝴蝶/在大花园里忽东忽西地飞，
小弟弟梦见他变作一条鱼/在蓝色的大海里游水。）
睡了！都睡了！
朦胧的山峦静静地睡了！
朦胧的田野静静地睡了！
只有窗外瓜架上的南瓜还醒着，
伸长了藤蔓（wàn）/轻轻地往屋顶上爬。
只有绿色的小河还醒着，
低声地歌唱着/溜过弯弯的小桥。
只有夜风还醒着，
从竹林里跑出来，
跟着提灯的萤火虫，
在美丽的夏夜里愉快地旅行。

杨唤，原名杨森，中国台湾地区现代派诗人之一，被誉为中国台湾地区现代儿童诗的先驱。出版诗集有《风景》《杨唤诗集》《水果们的晚会》等。1988 年由中国台湾地区一些著名儿童文学家发起成立“杨唤儿童文学奖”，奖励海峡两岸卓有成就的儿童文学作家，每年颁奖一次。

这首诗歌描绘了一个充满童趣的夏夜。诗人将夏夜拟人化，描述它爬过山坡和树梢的形态，将夏夜里山峦和田野的静寂比喻成沉睡。整首诗歌给人以幽静又充满生机之感。小朋友、小鸡、小鸭等，都睡了。可南瓜、小河、夜风和萤火虫还醒着，它们让静谧的夜晚有了动感。读完这首诗歌，我们仿佛徜徉在夏夜里，感受着夜晚的美好。

生：这首诗通过“来了”“睡了”“醒着”，描绘出夏夜不同的画面。

师：在朗诵时，我们可以边想象画面边读。读第一小节的两组“来了！来了！”时，内心要激动，语气要兴奋，声调要高一点，读出夏夜来临时给人的兴奋感。

生：读第二小节的几个“睡了”时，声音要低一点、柔一点，读出夏夜的安静，对吗？

师：你真聪明。读最后几句时，要突出“南瓜”“小河”“夜风”“萤火虫”及它们的动作，要把几个“醒着”读得轻盈活泼。这样，我们就读出了每个小节的不同。

拓展延伸

“诗中有画”的魔法不仅属于王维，也属于杨唤。满载甜蜜而归的蝴蝶和蜜蜂，结束一日劳作的羊队和牛群，还有绚烂夺目的彩霞和火烧似的夕阳……诗人用带有拟人“魔法”的画笔，为我们绘制了一幅变幻有致的夏夜图景。

诗配画，是艺术的又一种展现形式。来，用你手中神奇的笔，给这首诗配一幅画吧。

春天的早晨

[日本]金子美铃

雀儿喳喳叫，
天气这么好，
呼噜噜，呼噜噜，
我还想睡一觉。

上眼皮想要睁开，
下眼皮却不愿醒来，
呼噜噜，呼噜噜，
我还想睡一觉。

（吴菲/译）

亲近诗人

金子美铃，活跃于20世纪20年代的日本童谣诗人。她在诗中用儿童最自然的状态来体验、感觉这个世界。代表作品有《我和小鸟和铃铛》《向着明亮那方》等。

走进诗歌

春天的早晨，空气清新，鸟语花香，正契合“春眠不觉晓，处处闻啼鸟”的景象。春天的早晨，你有没有想多睡一会儿呢？读这首诗时，一个懒洋洋的形象就会浮现在我们眼前，让我们不禁感叹：真可爱啊！

朗诵密码

在朗诵这首诗歌时，声音要明快自然，整体语调要上扬，表现出孩子的天真烂漫。诗中“呼噜噜，呼噜噜，我还想睡一觉”出现了两次。在朗诵时，要读出区别，前一小节节奏稍快，声音要明亮，表现对春天的喜爱；后一小节语速要放慢，读着读着，声音越来越小，好像真的困了一样。

露　珠

［日本］金子美铃

谁都不要告诉

好吗？

清晨庭院的

角落里，

花儿悄悄

掉眼泪的事。

万一这事

说出去了，

传到

蜜蜂的耳朵里，

它会像

做了亏心事一样，
飞回去
还蜂蜜吧。

（吴菲／译）

走进诗歌

多美的一首童诗呀！整首诗歌洋溢着孩子的天真，充满了丰富的想象。清早的露珠成了花儿的眼泪，蜜蜂则成了做亏心事的小家伙。读完这首诗歌，你有没有会心一笑呢？

朗诵密码

朗诵这首诗时，语气要神秘，像是在和自己的好朋友悄悄地说着小秘密。诗歌中，有的句子是分成两行来表达的，如“花儿悄悄”和“掉眼泪的事”；读的时候，要把两行连成一句话，这样会更加流畅。

拓展延伸

如果蜜蜂知道了花儿流泪的秘密，它会怎么做呢？

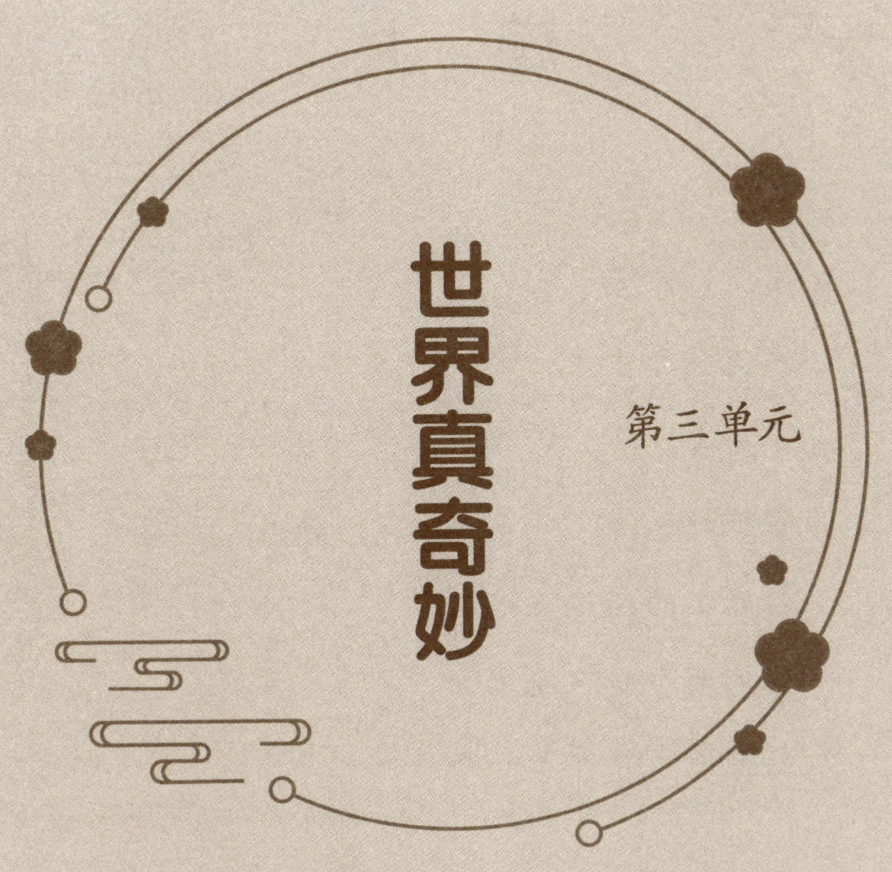

第三单元

世界真奇妙

绿色的森林和原野，
蓝色的海洋和湖泊，
黄色的沙漠和戈壁，
白色的冰原，
红色的岩石，
共同构成我们可爱的、多彩的世界。

湖 上

胡 适

水上一个萤火，
水里一个萤火，
平排着，
轻轻地，
打我们的船边飞过。
他们两个越飞越近，
渐渐地 / 并作了一个。

在朗诵这首诗歌时，我们可以想象着诗中描绘的场景，语速慢一点，语气轻柔一点。我们可以强调“上”“里”这样的方位词，感受镜像的奇妙；还可以强调“飞”“近”“渐渐”这几个词语，让画面动起来。

风

［英国］克里斯蒂娜·罗塞蒂

谁看见过风呢？
不是你，也不是我。
当树叶沙沙摇响，
那就是风 / 从林间穿过。

谁看见过风吗？
不是你，也不是我。
当树梢低下头来，
那就是风 / 从它身旁经过。

（韦苇 / 译）

亲近诗人

克里斯蒂娜 ·罗塞蒂，英国女诗人。她的诗平易、纤巧，感情细腻，富于音乐节奏感。主要作品集有《妖魔集市》《王子的历程》等。

走进诗歌

树叶摇晃，树梢低头，看不见、摸不着的风的形象就展现出来了。这首诗歌共两节，每小节都是一问一答，句子稍有变化，意思却更进了一层。诗人的观察细致入微，对自然充满敬畏。

朗诵密码

朗诵这首诗时，语调的起伏不要太大，就像自问自答，要读得自然些。在朗诵时，要抓住几个“风”字，还可以强调“摇响”“穿过”和“低下头”“经过”这两组词语，让风的形象显现出来。

拓展延伸

推荐阅读唐代诗人李峤的《风》，看看诗人是通过哪四种事物来表现风的。

风

［苏联］伊萨柯夫斯基

它小心谨慎，
从侧门走出，
顺着屋顶跑过，
轻弹了几下窗户。

它把樱桃枝
拨弄，轻拂，
又同相识的麻雀
轻声嘀咕。

振起年轻的翅膀，
多么轻松自如，
它同灰尘竞赛
不知/又飞向何处。

（蓝曼/译）

亲近诗人

伊萨柯夫斯基，苏联著名抒情诗人，是《喀秋莎》和《红莓花儿开》的作词者。

走进诗歌

这首诗歌节奏轻快，塑造了活泼而灵动的风的形象。风像个调皮的孩子，能走、会跑，还会弹窗户。拟人化的写法让风的形象真实可感，充满了生气。这样的风带给人愉悦的感受。

朗诵密码

在朗诵这首诗歌时，声音可以轻一点，语气要轻松。要强调“侧门”“屋顶”“窗户”“樱桃枝”“麻雀”这几个词语，这样就能看清风的行动轨迹，感受到风的灵动。读到“不知”时，语速要慢下来，语调要上扬，留下无穷的回味。

拓展延伸

推荐阅读杨绛的散文《风》，去体会风的魅力。

总得有人去擦星星

［美国］谢尔·希尔弗斯坦

总得有人去擦星星，
它们看起来灰蒙蒙。
总得有人去擦星星，
因为那些八哥、海鸥和老鹰，
都抱怨星星又旧又生锈，
想要个新的 / 我们没有。
所以还是带上水桶和抹布，
总得有人 / 去擦星星。

走进诗歌

“星星又旧又生锈”，所以要有人去擦，这样的想象是多么大胆神奇啊！当星星灰蒙蒙的时候，你会选择抱怨，还是会选择行动呢？

朗诵密码

“总得有人去擦星星”这句话出现了三次。在朗诵时，第一次突出“擦星星”这个动作，与“灰蒙蒙”一词相照应，说明擦星星的原因；第二次强调“总得”，尽管有很多抱怨，但还是要去擦星星；第三次可以强调“有人”，要读得坚定，表现出一种担当。

拓展延伸

推荐你观看励志短片《杂草的梦想》，感受行动的力量。

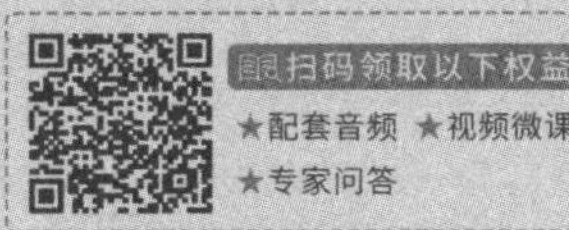

扫码领取以下权益
★配套音频 ★视频微课
★专家问答

书里有乾坤

第四单元

胸藏文墨怀若谷，
腹有诗书气自华。
与书为伴，
让书香氤氲，
把岁月书写成诗篇。

爱读书的树叶

雪　野

爱读书的树叶，
捧着阳光读，
一天一遍，
读得兴奋满脸。
爱读书的树叶，
捧着月光读，
一夜一遍，
读得平平安安。
一听说风老师来检查，
每片树叶便
摇头晃脑，
齐声朗读。

这是一首可爱的童诗，想象丰富，语言清新有趣。瞧，树叶也读起了书：白天，它们坐在阳光下，兴奋地读；夜晚，它们躺在月光里，静静地读。风来了，它们读得更欢了！

师：爱读书的树叶不分昼夜地读着。同学们，你们发现树叶白天和晚上读书有什么不同了吗？

生：白天的树叶读得欢快认真，晚上的树叶就安静地读着。

师：你可真细心，读“捧着阳光读，一天一遍，读得兴奋满脸”时，要语调轻快，情绪昂扬，声音可以大一些。而到了宁静美好的晚上，树叶们的读书声也小了起来，“捧着月光读，一夜一遍，读得平平安安”这一句要读得慢一些、轻一些，仿佛害怕惊醒别人似的。

生：我来试试，读出树叶在白天和晚上读书的不同。

书籍

［德国］赫尔曼·黑塞

世上所有的书籍
不会带给你幸运，
它们却会悄悄引你
回归到你自己。

那里有你需要的一切，
那里有太阳、月亮和星星，
因为光明为你所追寻，
它也便住在你那里。

你久寻的智慧，
就在书籍里，
如果它们在字行间闪烁，
也便归属了你。

（郭力／译）

走进诗歌

这首诗歌简洁明快，干脆有力，发人深省。书籍可以让人成长，可以让人独立，可以让人自省……每个人在不同的书籍的滋养下，一定可以成为更独特的自己、更优秀的自己。全诗洋溢着诗人对书籍的热爱，对智慧的感悟，对真理的追寻。

朗诵密码

书籍的作用不是给你带来幸运，而是帮你认识自己、找回自己、照亮自己。朗诵时，要突出“自己”“你”“归属”等词语，语气要坚定，充满希望。

拓展延伸

你从哪些书中获得过光亮？和小伙伴分享一下。

我的书本去的地方

［爱尔兰］叶　芝

我所学到的所有言语，
我所写出的所有言语，
必然要展翅，不倦地飞行，
决不会在飞行中停一停，
一直飞到你悲伤的心所在的地方，
在夜色中向着你歌唱。
远方，河水正在流淌，
乌云密布，或是灿烂星光。

（裘小龙／译）

亲近诗人

叶芝，爱尔兰诗人、剧作家和散文家，诺贝尔文学奖获得者，是“爱尔兰文艺复兴运动”的领袖。叶芝的诗受浪漫主义、唯美主义和象征主义的影响，演变出其独特的风格。代表作品有《钟楼》《盘旋的楼梯》等。

走进诗歌

这首诗歌精妙睿智，蕴意深邃。书本也有翅膀，可以不倦地展翅飞行，带领我们看遍千山，走过万水；可以依偎着悲伤的心灵，陪伴我们历经千辛，尝遍万苦。全诗形象地传达了叶芝对书本的钟爱与痴迷。

朗诵密码

在朗诵这首诗歌时，语气要柔和，亲切自然。读到“必然”“决不会”等词语，语气要坚定。“向着你歌唱”“河水正在流淌”“灿烂星光”，这是多美好的情景啊！我们要展现作者对书的爱。

拓展延伸

书，能够直达心灵。有没有一本书曾经打动过你的心？说说你阅读时的感受。

没有一艘船能像一本书

[美国]狄金森

没有一艘船/能像一本书，
也没有一匹骏马能像，
一页跳跃着的诗行那样——
把人带往远方。

阅读这条路
最穷的人也能走，
不必为通行税伤神。
这是何等节俭的车——
承载着人的灵魂。

（江枫/译）

亲近诗人

狄金森，美国女诗人，被视为20世纪现代主义诗歌的先驱之一。她的诗主要写生活情趣、自然、生命、信仰、友谊、爱情。诗的风格凝练婉约、意象清新，描绘真切、精微，思想深沉、凝聚力强，极富独创性。代表作品有《云暗》《逃亡》《希望》等。

走进诗歌

书，胜过船，优于骏马，因为它包罗万象，饱含真谛，洋溢美丽。书是最公平的——无论你是贫穷还是富有，书都对你一视同仁，将你带往知识的远方。热情讴歌的背后饱含着诗人对书的无限热爱与崇敬。

朗诵密码

诗人把书同船、骏马相比，对书极尽赞美。朗诵时，要突出“船”“骏马”以及“诗行”。读“这是何等节俭的车”时，要饱含赞美，表达诗人对书的喜爱之情。

拓展延伸

观书有感·其一

[宋]朱熹

半亩方塘一鉴开，天光云影共徘徊。
问渠那得清如许？为有源头活水来。

这是一首借景喻理的名诗。全诗以方塘作比喻，形象地表达了一种微妙难言的读书感受。池塘并不是一泓死水，而是常有活水注入，因此像明镜一样，清澈见底，映照着天光云影。诗人借水之清澈，暗喻人要心灵澄明，就得认真读书，时时补充新知识。

书，可以带着我们游览祖国的名胜古迹；书，可以带着我们探索宇宙的奥秘；书，可以带着我们和自然万物交流。无论我们在物质上多么贫穷，只要读书，我们就会变成精神上富有的人。

读完《没有一艘船能像一本书》和《观书有感·其一》，你对读书有什么新的感悟吗？书对你有什么帮助？

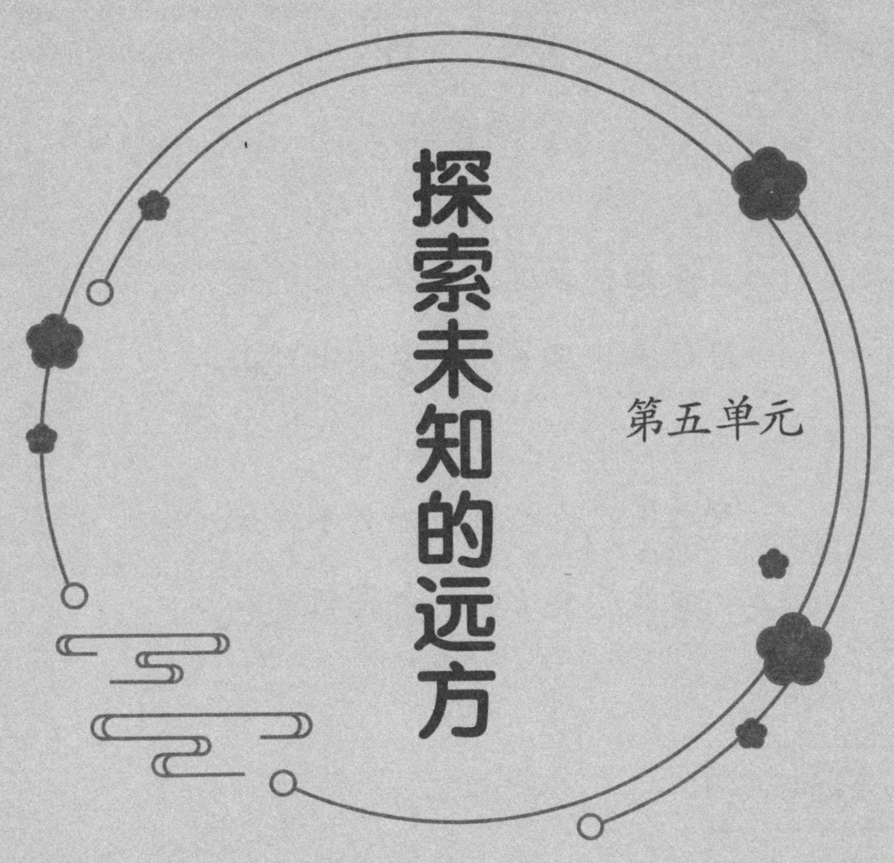

第五单元

探索未知的远方

保持对生活热忱，
默默耕耘，
永远好奇，
永远追逐未知，
你会发现，
世界原来如此美妙！

送 别

李叔同

长亭外，古道边，芳草碧连天。
晚风拂柳笛声残，夕阳山外山。

天之涯，地之角，知交半零落。
一壶浊酒尽余欢，今宵别梦寒。

亲近诗人

李叔同，是中国近代著名音乐家、美术教育家、书法家、戏剧活动家，中国话剧的开拓者之一。

《送别》的意象和语言，基本上是对中国古典送别诗的继承。长亭饮酒、古道相送、折柳赠别、夕阳挥手、芳草离情，都是千百年来送别诗中常用的意象。但《送别》以短短几句就把这些意象集中起来，以一种“集大成”的冲击力，强烈震撼着读者。

朗诵第一小节时，语速要适中，突出“长亭”“古道”“夕阳”等景物，描摹出生动的画面。朗诵第二小节时，语速要放缓，语气惆怅，突出“寒”字，表达朋友分别时浓浓的离别情绪。

推荐阅读袁隆平写给母亲的信《妈妈，稻子熟了》。

十二点钟

［印度］泰戈尔

妈妈，我真想现在不做功课了。
我整个早晨都在念书呢。
你说，现在还不过是十二点钟。
假定不会晚过十二点罢；
难道你不能把“才十二点”
想象成下午么？

我能够容容易易地想象：
现在太阳已经到了
那片稻田的边缘上了，
老态龙钟的渔婆
正在池边采撷（xié）香草 / 作她的晚餐。

我闭上了眼就能够想到，
马塔尔树下的阴影／是更深黑了，
池塘里的水看来黑得发亮。

假如十二点钟／能够在黑夜里来到，
为什么黑夜不能在
十二点钟的时候来到呢？

泰戈尔，印度诗人、文学家、社会活动家、哲学家和印度民族主义者。代表作有《吉檀迦利》《飞鸟集》《园丁集》《新月集》等。泰戈尔的诗歌善于通过拟人化和形象化的艺术手段表达自己的思想意图，融抽象的哲理性和浓郁的抒情性于一体，别具一格。

走进诗歌

这首诗歌想象新奇，画面感很强。孩子的天性是玩耍，所以“我”希望十二点钟是可以玩耍的下午，是可以睡觉的深夜。诗中所有的想象都是天真好问的孩子对无拘无束生活的渴望。

朗诵密码

第一小节是孩子天真的发问，要抓住“十二”“下午”等强调时间的词语，用上扬的语调，读出孩子心中的疑惑。读第二、三小节时，语速要慢一些，突出“太阳”“边缘”“深黑”等词语，描摹出孩子想象的画面。

拓展延伸

读一读泰戈尔的诗歌《仿佛》。对比这两首诗歌，你有什么感悟？

草　原

[日本]金子美铃

露水盈盈的草原，
如果光着脚走过，
脚/一定会染得绿绿的吧。
一定会沾上青草的味道吧。

如果这样走啊走
直到变成一棵草，
我的脸蛋儿，会变成
一朵美丽的花儿，开放吧？

（吴菲/译）

走进诗歌

诗人用大胆又奇幻的想象描绘了一个美丽的新世界。你看到了吗？这里有绿色的草原，光着的脚丫，盛开的鲜花……就连可爱的孩子也变成了一棵草呢。人与自然多么亲近和谐呀！

朗诵密码

在朗诵这首诗歌时，可以把自己当作诗人，节奏要舒缓，声音要轻柔，边读边想象画面。走啊走，“我”能变成一棵草，“我”的脸蛋儿能变成一朵美丽的花儿，多么神奇啊！在朗诵诗歌的后半段时，语气里要带着惊奇，读出喜悦之情。

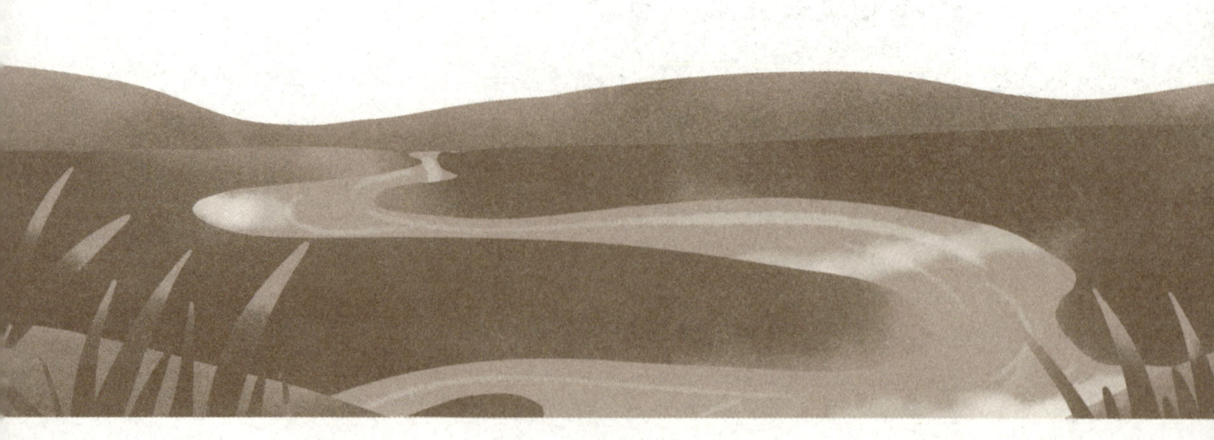

船　帆

［日本］金子美铃

抵达海港的船儿的帆，
全都又黑又破，
驰向海洋的船儿的帆，
却都洁白闪亮。

遥远天边的那艘船啊，
请你一直不要靠岸，
你要只在海天之间，
向着远方航行。

请你闪亮着／驰向远方。

（吴菲／译）

走进诗歌

遥远天边的那艘船有着洁白闪亮的船帆，那是一道靓丽的风景线，它带着我们的梦想和追求勇敢地驶向远方。虽然未来的路充满未知，但是我们仍要勇敢向前，朝着远方航行。

朗诵密码

师：在这首诗歌中，诗人写了两种船帆。但这两种船帆是不一样的，我们要读出它们的不一样。

生：老师，“又黑又破”可以读得慢一点，声音要低沉，而“洁白闪亮”可以读得快一点，声音要活泼。

师：你真棒！

拓展延伸

人生就像一艘船，远方是我们航行的目标。请画一画自己心中的“希望之船”，在“船帆”上写下你对自己的期待。

你不喜欢的每一天不是你的

［葡萄牙］费尔南多·佩索阿

你不喜欢的每一天／不是你的：
你仅仅度过了它，
无论你过着什么样的
没有喜悦的生活，
你都没有生活。

你无须去爱，或者去饮酒，或者微笑。
阳光倒映在水坑里
就足够了，
如果它令你愉悦。

幸福的人，
把他们的欢乐
放在微小的事物里，

永远也不会剥夺
属于每一天的
天然的财富。

（韦白 / 译）

亲近诗人

费尔南多·佩索阿，葡萄牙诗人、作家。代表作品有《守羊》《不安之书》等。

走进诗歌

这首诗歌用朴素的语言诉说了生活的真谛。快乐不是形式，只有发自内心的愉悦才会令你感到幸福。读这首诗歌时，我们能感受到作者真诚的态度和对生活的热爱。

朗诵密码

第一小节诉说了不快乐的日子，在朗诵时语调要低沉一些，抓住两个“没有”，表现情绪的低落。在朗诵最后一节时，情绪要饱满，语调要上扬，要满怀热情，强调“幸福”“永远”“每一天”等词语，读出一种幸福的感受。

第六单元

爱的温暖

家，驱散了所有的凄清；
稠李树，散发着春天的气息；
梦与诗，交织出火的热情；
康桥，暖化了游子的心。
……
世间万物都栖息着——爱的温暖！

再别康桥

徐志摩

轻轻的 / 我走了，
　正如我轻轻的来；
我轻轻的招手，
　作别 / 西天的云彩。

那河畔的金柳，
　是夕阳中的新娘；
波光里的艳影，
　在我的心头荡漾。

软泥上的青荇（xìng），
　油油的在水底招摇；
在康河的柔波里，
　我甘心做一条水草！

那榆荫下的一潭，

　不是清泉，是天上虹

揉碎在浮藻间，

　沉淀着 / 彩虹似的梦。

寻梦？撑一支长篙，

　向青草 / 更青处漫溯（sù），

满载一船星辉，

　在星辉斑斓里 / 放歌。

但我不能放歌，

　悄悄 / 是别离的笙箫；

夏虫也为我沉默，

　沉默 / 是今晚的康桥！

悄悄的我走了，

　正如我 / 悄悄的来；

我挥一挥衣袖，

　不带走 / 一片云彩。

亲近诗人

徐志摩，现代诗人、散文家，曾任北京大学教授。他的诗和散文语言清新，比喻清奇，意境优美，神思缥缈，具有鲜明的艺术个性。代表作品有《再别康桥》《翡冷翠的一夜》等。

走进诗歌

这首诗歌轻盈柔和，意境优美，富有音乐感。夕阳下的康桥，那一草一木，那回忆里的一点一滴，都是最珍贵的记忆。诗歌的字里行间表达出青春的美好、离别的依依，还有理想幻灭的淡淡忧伤。

朗诵密码

这首诗歌在朗诵时宜舒缓、深沉。诗歌首尾两个小节形式相近，结构相似，“轻轻的”“悄悄的”要读得慢一些、柔一些，表现出诗人细腻缠绵的情谊和对康桥的深深眷恋。最后一小节与第一小节相比较，在朗诵时语调要低沉些，表现出诗人淡淡的忧伤。

拓展延伸

别董大

[唐]高适

千里黄云白日曛，北风吹雁雪纷纷。
莫愁前路无知己，天下谁人不识君。

送别

[唐]王维

山上相送罢，日暮掩柴扉。
春草明年绿，王孙归不归？

古往今来，哪首离别诗最能打动你？和大家分享一下。

你是人间的四月天

——一句爱的赞颂

林徽因

我说/你是人间的四月天；
笑响/点亮了四面风；
轻灵/在春的光艳中/交舞着变。

你是四月早天里的云烟，
黄昏吹着风的软，星子在
无意中闪，细雨/点洒在花前。

那轻，那娉婷，你是，
鲜妍百花的冠冕/你戴着，
你是天真，庄严，
你是夜夜的月圆。

雪化后那片鹅黄，你像；新鲜
初放芽的绿，你是；柔嫩喜悦
水光浮动着/你梦期待中白莲。

你是一树一树的花开，
是燕/在梁间呢喃，——你是爱，是暖，
是希望，你是人间的/四月天！

亲近诗人

林徽因，中国著名的建筑学家、作家，在中华人民共和国国徽设计、人民英雄纪念碑设计和景泰蓝工艺革新等方面做出了重要贡献，被称为“中国现代文化史上的杰出女性”。

走进诗歌

林徽因的诗如其人，宛如一阵清新的风，既不甜腻，也不灼热，温暖而纯净，绵软而轻柔，极富女性的细腻与深情，让人从心底感受到一种愉快和舒适。这首《你是人间的四月天》更是新月派诗歌诗美原则的完美体现，整首诗音律和谐，具有丰富的想象感和意境美，语言讲究节与节的匀称、句与句的齐整，无论是表达意蕴还是文章结构都别具一格。

朗诵密码

这是一首温暖人心的诗歌，在朗诵时要温和恬静，满含柔情。前四个小节作者借助大量意象表现四月天明媚动人、温暖和煦的特点，朗诵时声音要轻柔一些、欢快一些。而诗的最后一个小节，诗人直抒情意，突出“爱”“暖”“希望”等词语，表达对四月天的美好生活的赞美。

拓展延伸

春回大地，万物复苏。小草一展筋骨，一个昂头钻出地面；小鱼一伸懒腰，一个翻滚跃出水面。瞧，大家都在争相迎春呢！请你用手中的相机拍下这独属春天的一刻，并在班级开展春天主题摄影展。

家

杨　唤

树叶是小毛虫的摇篮，

花朵是蝴蝶的眠床，

歌唱的鸟儿 / 都有一个舒适的巢，

辛勤的蚂蚁和蜜蜂都住着漂亮的大宿舍，

螃蟹和小鱼的家 / 在蓝色的小河里，

绿色无际的原野是蚱蜢和蜻蜓的家园。

可怜的风没有家，

跑东跑西 / 也找不到一个休息的地方。

漂流的云没有家，

天一阴 / 就急得不住地流眼泪。

小弟弟和小妹妹最幸福哪！

生下来就有爸爸妈妈 / 给准备好了家，

在家里安安稳稳地长大。

走进诗歌

小毛虫、蝴蝶、蚂蚁、蜜蜂，它们都有温馨的家；风和云却四处流浪，没有家。相比之下，最幸福的是小朋友，有爸爸妈妈用爱准备的家。读了这首诗歌，你是不是觉得自己很幸福？

朗诵密码

在朗诵这首诗歌时，读到“风”和“云”没有家时，语调要低下来，语速要缓慢，让人感到“风”和“云”没有家是多么伤心、孤独。读到诗歌的最后三行时，语调要高起来，表达出有家的幸福感。

梦与诗

胡　适

都是平常经验，
都是平常影像，
偶然涌到梦中来，
变幻出多少新奇花样！

都是平常情感，
都是平常言语，
偶然碰着个诗人，
变幻出多少新奇诗句！

（本诗为节选）

亲近诗人

胡适，著名思想家、文学家、哲学家。以倡导“白话文”、领导新文化运动闻名于世。主要著作有《中国哲学史大纲》（上）、《尝试集》、《白话文学史》和《胡适文存》（四集）等。

走进诗歌

梦和诗是相通的，它们都源于日常生活的丰富经历。诗就在这些平常里变幻出新奇来，于是平常的事物不再平常了，每个人的平常也就成了每个人的独特。

朗诵密码

诗的两个小节写出了梦和诗人的神奇能力，可突出“梦”与“诗人”、“花样”与“诗句”这些词相呼应的特点，表现梦和诗的神奇。在朗诵这首诗歌时，语调要自然明快，仿佛在与人亲切交谈。

拓展延伸

哲理诗是表现诗人的哲学观点、反映哲学道理的诗，其内容深沉浑厚、含蓄隽永，读来让人回味无穷。请你搜集更多的哲理诗，读一读，说说你明白了哪些道理。

稠李树

[苏联]叶赛宁

馥（fù）郁的稠李树，
和春天一起开放。
金灿灿的树枝，
像鬈（quán）发一样生长。

蜜甜的露珠，
顺着树皮往下滴；
留下辛香味的绿痕，
在银色中闪烁。

缎子般的花穗
在露的珍珠下璀璨，
像一对对明亮的耳环，
戴在美丽姑娘的耳上。

在残雪消融的地方，
在树根近旁的草上，
一条银色的小溪
一路欢快地流淌。

稠李树伸开枝丫，
发散着迷人的芬芳，
金灿灿的绿痕
映着太阳的光芒。

小溪扬起碎玉的浪花，
飞溅到稠李树的枝杈上，
并在峭壁下弹着琴弦，
为她深情地歌唱。

（刘湛秋／译）

在朗诵这首诗歌时，精神要饱满，声音要洪亮，读出诗歌中描绘的无限生机。

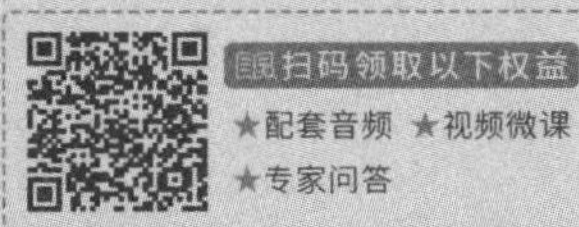

扫码领取以下权益
★配套音频 ★视频微课
★专家问答

绽放生命的光芒

第七单元

微笑，
歌声，
源自内心的坚毅，
像星火点燃了柴堆，
让生命绽放耀眼的光芒！

雨　巷

戴望舒

撑着油纸伞，独自
彷徨在 / 悠长，悠长
又寂寥的雨巷，
我希望逢着
一个丁香一样的
结着愁怨的姑娘。

她是有
丁香一样的颜色，
丁香一样的芬芳，
丁香一样的忧愁，
在雨中哀怨，
哀怨 / 又彷徨；

她彷徨在／这寂寥的雨巷，
撑着油纸伞
像我一样，
像我一样地
默默彳亍着，
冷漠，凄清，又惆怅。

她静默地走近
走近，又投出
太息一般的眼光，
她飘过
像梦一般的，
像梦一般的／凄婉迷茫。

像梦中飘过
一枝丁香的，
我身旁飘过这女郎；
她静默地远了，远了，
到了颓圮（tuí pǐ）的篱墙，

走尽/这雨巷。

在雨的哀曲里，
消了她的颜色，
散了她的芬芳，
消散了，甚至她的
太息般的眼光，
丁香般的惆怅。

撑着油纸伞，独自
彷徨在/悠长，悠长
又寂寥的雨巷，
我希望飘过
一个丁香一样的
结着愁怨的姑娘。

全诗婉约雅致，朦胧美好，读来余韵悠长。一条幽深寂寥的雨巷，一位孤独惆怅的独行者，一个恰如丁香的姑娘，三幅画面交织穿插，含蓄地表达着作者对理想满怀期待的情怀。

全诗弥漫着忧郁深沉之美，朗诵时应做到语调下沉，语速缓慢。诗歌首尾呼应，营造了一种哀伤、凄清的氛围。朗诵时，语速要慢一些，拉长“悠长”“寂寥”等词语的字音，表现出作者迷惘感伤的情绪，同时突出“希望”，体现作者仍抱有朦胧的希望。

丁香，一直是文人墨客钟爱的文学意象，古人更是发明了丁香结的说法，以表解不开的愁怨。推荐阅读宗璞的散文集《丁香结》。

箭与歌

［美国］亨利·朗费罗

我把一支箭向空中射出，
它落下地来，不知在何处；
那么急，那么快，眼睛怎能
跟上它一去如飞的踪影？

我把一支歌向空中吐出，
它落下地来，不知在何处；
有谁的眼力这么尖，这么强，
竟能追上歌声的飞扬？

很久以前，我找到那支箭，
插在橡树上，还不曾折断；
也找到那支歌，首尾俱全，
一直藏在朋友的心间。

（杨德豫／译）

亨利·朗费罗，美国诗人、翻译家。代表作品有《夜吟》《海华沙之歌》等。

射箭和唱歌这样平常的事中也包含着哲理——生活中的一切事情都会产生影响，让美好永留心间吧！读完这首诗歌，我们能感受到诗人因自己的付出产生美好影响时的欣喜。

在朗诵这首诗歌时，就像在和别人诉说自己生活中发生的事情，声音要平和，语速要缓慢。要突出箭和歌的特点，还要突出“找到”，表现诗人寻找箭和歌的过程。

请记录下你曾经做过的一件有意义的事情，并想象这件事情可能会产生怎样美好的影响。

像麦禾那样摇曳

［美国］莎拉·蒂斯代尔

像麦禾那样摇曳，
吹倒了 / 又挺起，
我也要如此顽强，
将痛苦抛在一旁。
我也要如此坚毅，
日日夜夜经受磨砺，
我要把我的悲伤，
变成欢乐的歌唱。

亲近诗人

莎拉·蒂斯代尔，美国杰出的抒情诗人。1918 年以诗集《爱之歌》获得哥伦比亚大学诗歌学会奖（普利策诗歌奖的前身）。

走进诗歌

从哪里跌倒就从哪里站起来，像麦禾那样，吹倒了再站直！诗人以“风”和“麦禾”为意象，以“风”象征困难挫折，以“麦禾”象征不屈不挠的灵魂，告诉我们遇到挫折不要消沉，而是要百折不挠、坚持奋斗！

朗诵密码

在朗诵这首诗歌时，开头要语气轻柔，表现出麦禾随风飘动的姿态，继而转为语气坚定，表现出麦禾永不会倒下的决心。另外，要突出“顽强”“坚毅”这些词语，表达自己对生活、对挫折的态度。

拓展延伸

推荐你朗诵汪国真的诗歌《我微笑着走向生活》。这首诗歌以昂扬的基调、有力的语言，表达了自己对生活的热爱之情。整首诗歌逻辑清晰，联系紧密，首尾呼应，结构完整。

读完这首诗歌以后，模仿这种写作手法，尝试写一首小诗吧。

如果我是男孩

[日本]金子美铃

如果我是男孩，
我要当一个
四海为家的海盗。

我要把船/涂成海蓝色，
挂上天蓝色的帆，
不管去到哪里，谁/都发现不了我。

航行在广阔的大海，
如果遇见强国的船，
我就威风凛凛地说：
“潮水啊，涌上来吧！”

如果遇见弱国的船，
我就和和气气地说：

“各位，请把你们家乡的故事，
给我留下，每人一个。”

不过，这样的恶作剧，
只能在空闲的时候做，
我最重要的工作，
是要寻找那些
把故事里的宝贝 / 偷运到“往昔”国的
坏蛋们的船。

如果找到了他们的船，
我要机智地打败他们，
把宝贝 / 一件不少地夺回来，
隐身斗篷、魔法神灯、
唱歌树、七里靴……
我的船满载而归，
海蓝色的船 / 乘着满帆的风，
在蔚蓝广阔的天空下，
在碧蓝平静的大海上，
我要向着远方航行。

如果我是男孩，
我，一定会去的。

（吴菲 / 译）

走进诗歌

在这首诗歌中，诗人以女孩的身份展开想象，叙述了一个幻想成为“海盗”的“男孩”的故事。“他”有“恶作剧”，也有“最重要的工作”，字里行间有神奇的想象，也有坚定的信念和豪迈的气概。

朗诵密码

在朗诵这首诗歌时，你可以把自己想象成这个“男孩”——当遇到强国的船时，语调要高昂，读出威风凛凛的气势；当遇到弱国的船时，语调要轻柔，读出和和气气的感觉；当战胜坏蛋们时，要读出自豪感，就像是你在一场游戏里取得了胜利一样。

友谊地久天长

苏格兰民歌

怎能忘记，旧日朋友，心中能不怀想？
旧日朋友，怎能相忘，友谊地久天长。
我们曾经一起攀登在故乡的青山之上，
我们曾经一起荡桨在滚滚的碧波之上，
我们也曾历尽艰辛，到处奔波流浪，
如今，则劳燕分飞，远隔大海重洋。
朋友，我的朋友，我是多么渴望，
与你重新亲密挽手，举杯畅饮，同声歌唱：
友谊地久天长！

（［英国］罗伯特·彭斯／传录）

亲近诗人

罗伯特·彭斯，苏格兰农民诗人。他的诗歌赞颂了故乡的秀美，抒写了劳动者纯朴的友谊，富有音乐性。

走进诗歌

这首诗歌是诗人根据当地父老的口述记载并传播开来的，后来被谱了乐曲，在世界上很多国家被广为传唱。诗歌回忆了和朋友们同甘共苦的往昔时光，表达了对友谊的赞颂。

朗诵密码

在朗诵这首诗歌时，一开始语调要略低沉，语速要略缓，抓住“怎能忘记”“怎能相忘”“一起”，把听者带入对往事的回忆中。在朗诵诗歌的最后三行时，语调要上扬，语速要略快，感情要更充沛一些，抓住“渴望”“地久天长”等词语，来表现对朋友相聚时欢乐场面的畅想。

拓展延伸

请查找这首诗歌的配乐版歌曲，学着唱一唱吧。

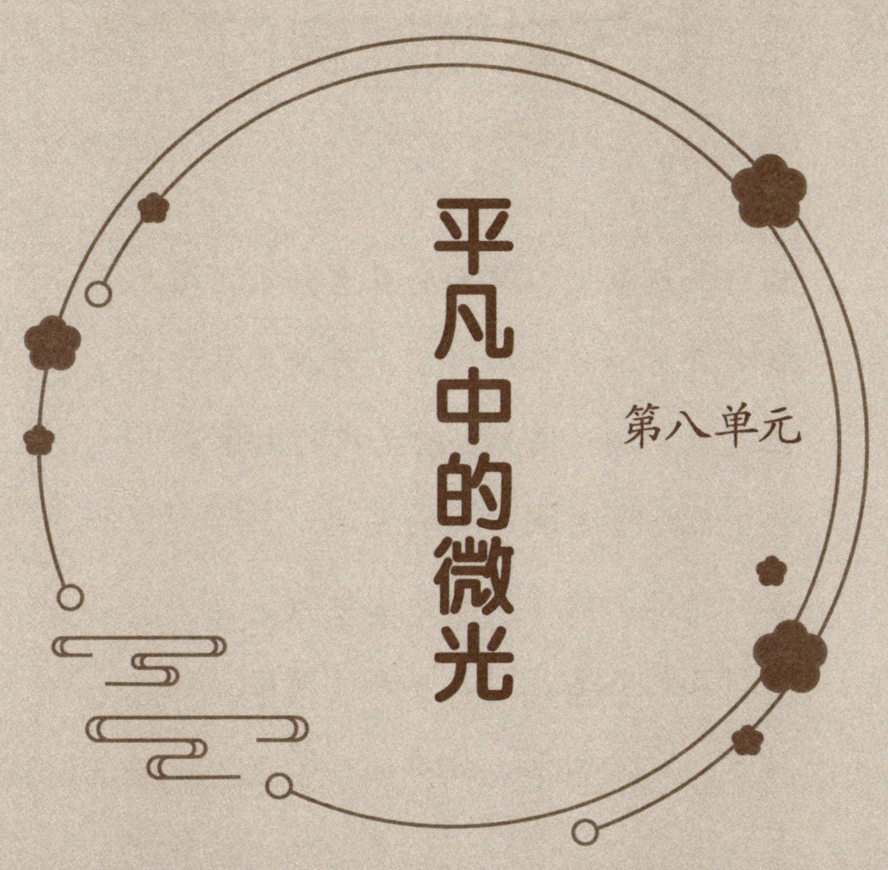

回望历史，

一个人，

平凡如微光；

一群人，

却汇聚成星河。

让先辈精神的璀璨之光照亮我们的人生。

七子之歌·澳门

闻一多

你可知妈港/不是我的真名姓？

我离开你的襁褓太久了，母亲！

但是他们掳（lǔ）去的是我的肉体，

你依然保管着我内心的灵魂。

三百年来/梦寐不忘的生母啊！

请叫儿的乳名，叫我一声“澳门”！

母亲！我要回来，母亲！

朗诵密码

这首诗歌是《七子之歌》中的第一首。朗诵这首诗歌，仿佛是远离母亲的孩子在和母亲哭诉。我们要调动内心的情感，叙述自己悲惨的遭遇，控诉强邻暴徒的丑恶行径，表达对母亲的思念和对回归的渴望。最后一句中，第二个“母亲”要比第一个“母亲”声音略高，情感更强烈。读“我要回来”几个字，声音要低沉有力，透露出坚定和渴望。

囚　歌

叶　挺

为人进出的门 / 紧锁着，
为狗爬出的洞 / 敞开着，
一个声音高叫着：
爬出来吧，给你自由！
我渴望着自由，
但我深深地知道——
人的身躯 / 哪能从狗洞子里爬出！
我希望有一天，
地下的烈火，
将我连这活棺材 / 一齐烧掉，
我应该在烈火和热血中 / 得到永生！

亲近诗人

叶挺，中国人民解放军创始人、新四军重要领导人之一，政治家、军事家。

走进诗歌

这首诗歌写于诗人被囚时，是他对生命、自由、尊严郑重思考后的抉择——生命固然可贵，但自由决不能用尊严来换取。读完这首诗歌，我们不禁被诗人为正义事业献身的革命气节所感染。先烈们伟大的爱国精神将永远激励、鼓舞着我们。

朗诵密码

在朗诵这首诗歌时，声音要洪亮，底气要充足，要读出铿锵之感。我们可以突出“人”和“狗”、“门”和“洞”的对应关系，读出诗人的思考；还要突出“爬”“烧”这样的动词，读出动感，表现诗人高尚的情操和大无畏的精神。

拓展延伸

叶挺于2009年当选“100位为新中国成立作出突出贡献的英雄模范人物”。请查阅相关资料，了解他的事迹，感悟他的精神。

红色的童话

佚　名

我喜欢红色
红色是太阳的颜色
采撷了晚霞最绚丽、最迷人的光芒

我喜欢红色
红色是火的颜色
蒸腾着熊熊的极温

我喜欢红色
红色是热血的颜色
凝聚了最浓稠、最活跃的成分

我们都喜欢红色
红是那大年夜窗前的剪纸花

门楹上的红对联
暖暖的，洋溢着喜庆、福禄、平安
红红的，传递出兴旺、和谐、团圆

我们也喜欢红色
红是那丝丝扣扣的中国结
氤氲着古色古香的秦汉气息
延续着盛世气派的唐宋遗风
流转着独领风骚的元明清神韵

妈妈说
中国红瓷是最高贵的红
以精湛的技艺著称于世
温润，沉透，像一首高雅的诗

大巧若拙，柔中蕴刚
红红的宫墙，红红的灯笼
红红的春联，红红的陶瓷
红红的中国结

中国红，无处不在
中国红，无时不有

爸爸说
红色是勇敢者的颜色
是嘉兴南湖的红色航船
是八一南昌的炮火连天
是星星之火、可以燎原的井冈山

多少年的风雨无阻
多少代的红色接棒
风雨后的彩虹啊
就是我们胸前的一抹红

我们都喜欢红色
红色是红领巾的颜色
共产主义接班人
在红色的指引下茁壮成长

看哪
那冉冉升起的五星红旗
是最艳丽的红

红，涂抹了我们的微笑
红，温暖了世人的心窝
红，攀越了世界屋脊
红，征服了白色极地
红，高高飘扬在神舟七号驶过的太空
缔造了一个又一个世界奇迹

看吧
那高高飘扬的五星红旗
是最骄傲的中国红

红得艳丽，红得自信
红得沉稳，红得含蓄
红得睿智，红得坚强
红得刚烈，红得热情

红得真诚，红得雍容

世界的东方
飘扬着一抹红
红红火火 / 大中国

这首诗歌以“红”为线索，由“红”串联起中国百年的沧桑巨变。读完，让人深深感受到“中国红”的魅力。语言对仗工整，气势恢宏，适合集体朗诵。

在朗诵这首诗歌时，千万不要高声大叫，我们要根据文字的内容合理地去表达。文章的开头到“茁壮成长”处，都是较为舒缓地叙述；到了后半段，节奏有了变化，同时语气较为激昂。这样，前后有对比，情绪慢慢进入，再逐步达到高潮。

有的人

——纪念鲁迅有感

臧克家

有的人活着，

他已经死了；

有的人死了，

他还活着。

有的人

骑在人民头上：“呵，我多伟大！”

有的人

俯下身子/给人民当牛马。

有的人

把名字刻入石头，想“不朽”；

有的人

情愿作野草，等着地下的火烧。

有的人
他活着/别人就不能活；
有的人
他活着/为了多数人更好地活。

骑在人民头上的
人民把他摔垮；
给人民作牛马的
人民永远记住他！

把名字/刻入石头的
名字比尸首/烂得更早；
只要春风吹到的地方
到处是青青的野草。

他活着/别人就不能活的人，
他的下场可以看到；
他活着/为了多数人更好地活的人，

群众把他抬举得很高，很高。

这首诗歌用对比的手法阐述了生与死、美与丑、善与恶，以高度凝炼的艺术手法赞扬了以鲁迅为代表的“给人民作牛马”的人的高尚情操和伟大胸怀。读这首诗歌，会让我们深入思考“人生该如何度过”这一命题。

生：老师，诗歌中“有的人”是指两种人：一种是像鲁迅先生一样为国为民的人，一种是做坏事、欺负百姓的人，对吗？

师：你读懂了这首诗歌。诗人对这两种人的情感态度截然不同，该怎么读出来呢？

生：第一小节是不是可以强调“活”和“死”？第一组“活”和“死”，要读出鄙夷之情；第二组“活”和“死”，要读出崇敬之情。

师：是的，你读出了文字背后的含义。